أنا عبقري

١-

٢-

٣-

٤-

٥-

* استخدم ألوان مختلفة

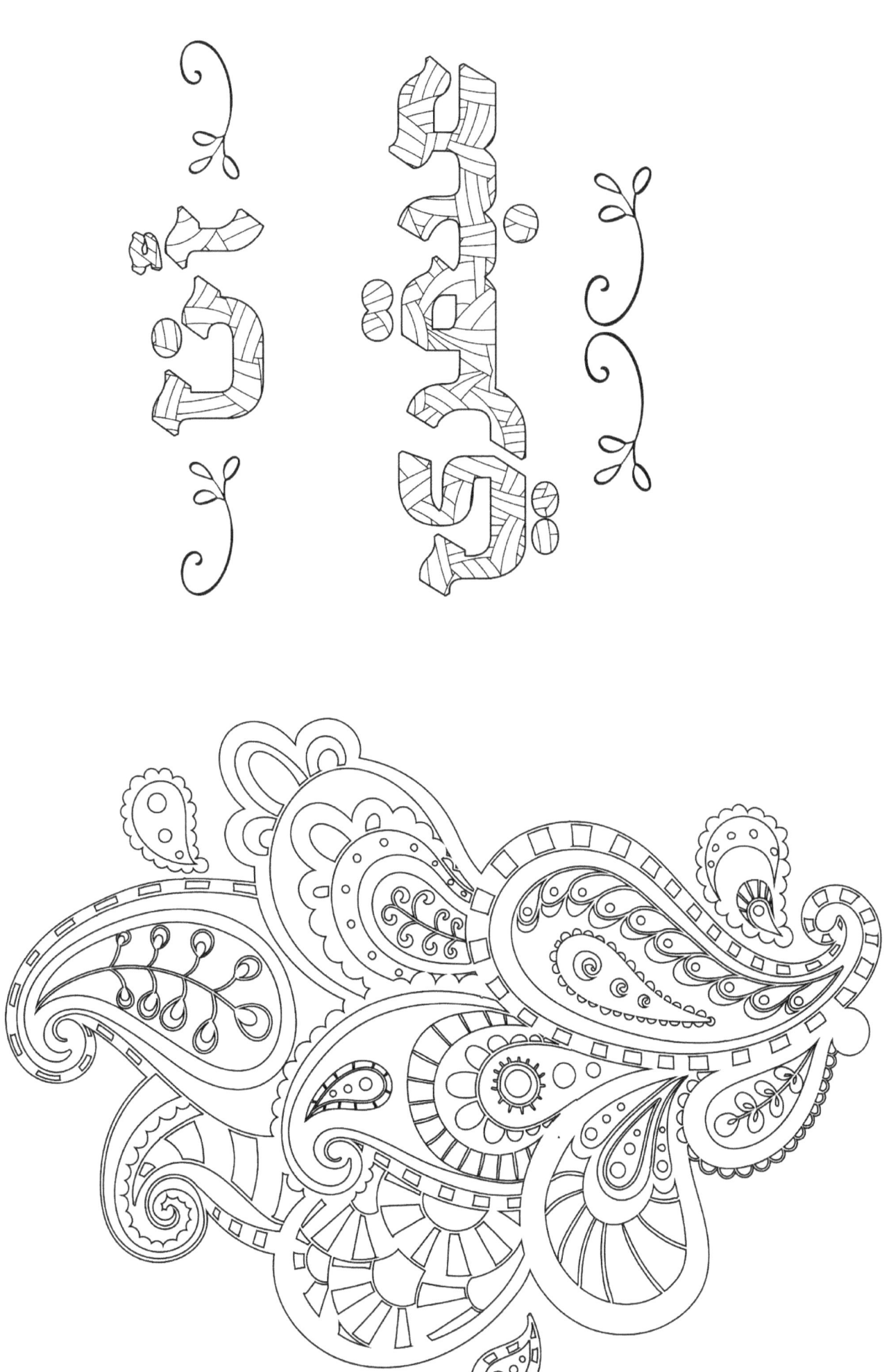

5-

4-

3-

2-

1-

العبقرية هي أفضل أصدقائي

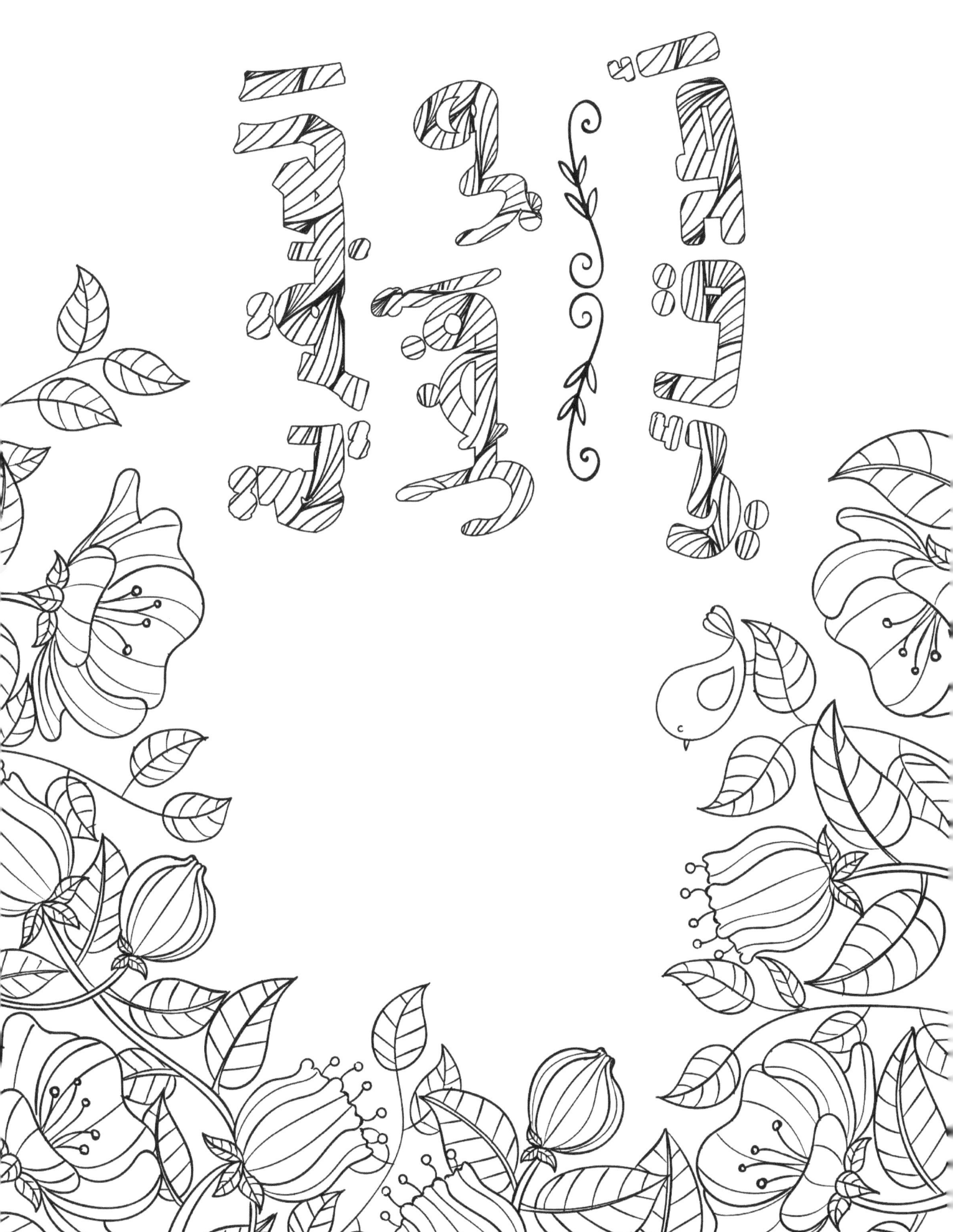

عقلي هو منتج للأفكار

-١

-٢

-٣

-٤

-٥

* استخدم ألوان مختلفة

عقلي
هو
منتج
للأفكار

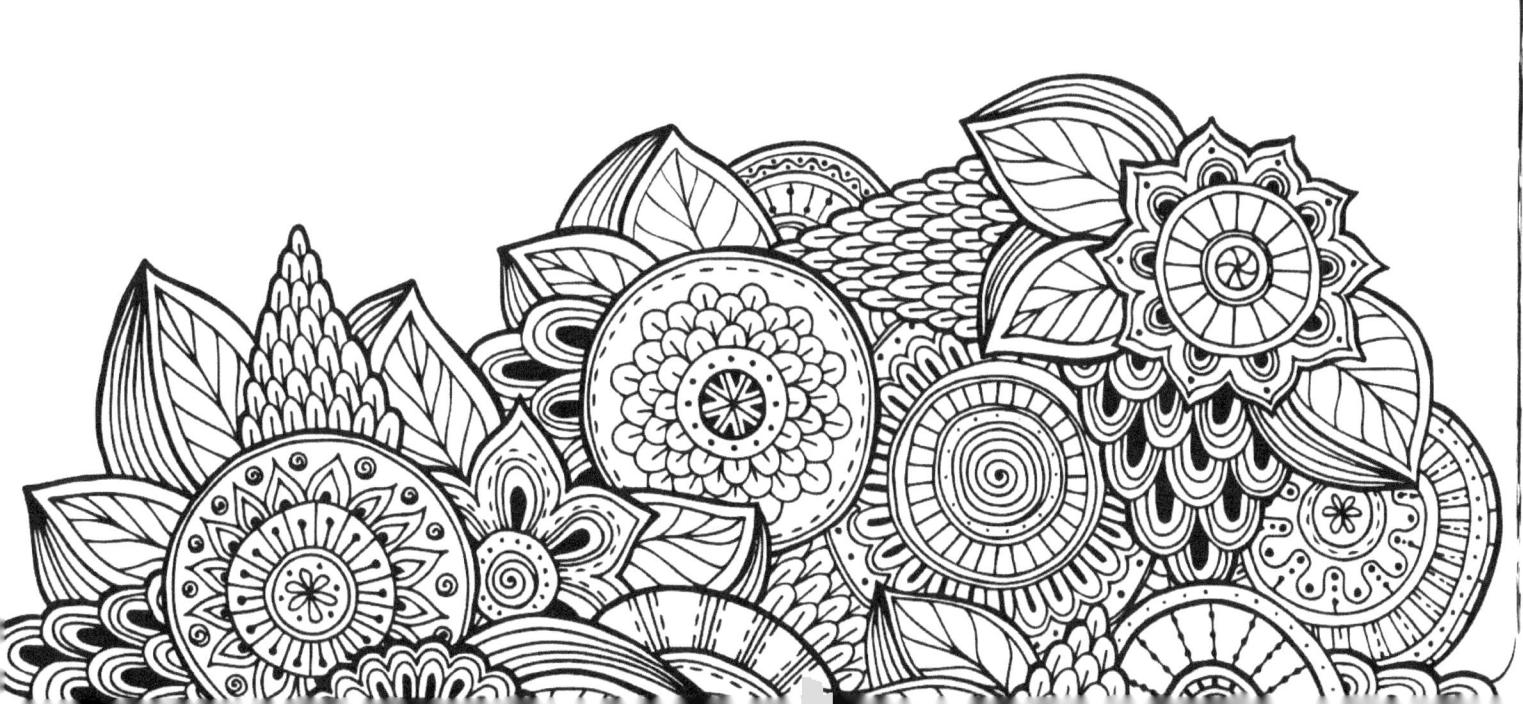

أفكر بسرعة

١-

٢-

٣-

٤-

٥-

*** استخدم ألوان مختلفة***

أفكر
بسرعة

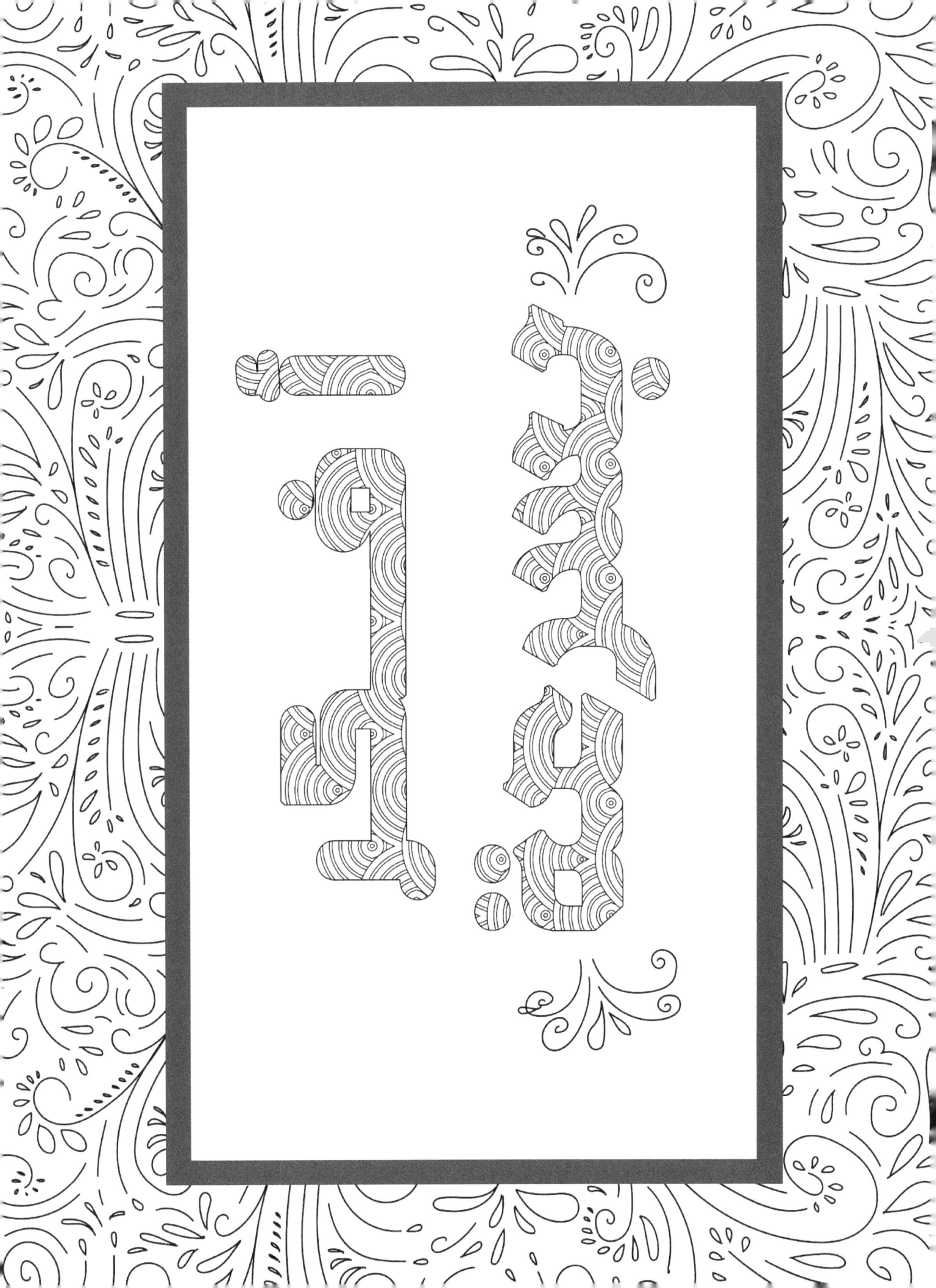

أتخيل الأفكار

١-

٢-

٣-

٤-

٥-

* استخدم ألوان مختلفة

أتخيل
الأفكار

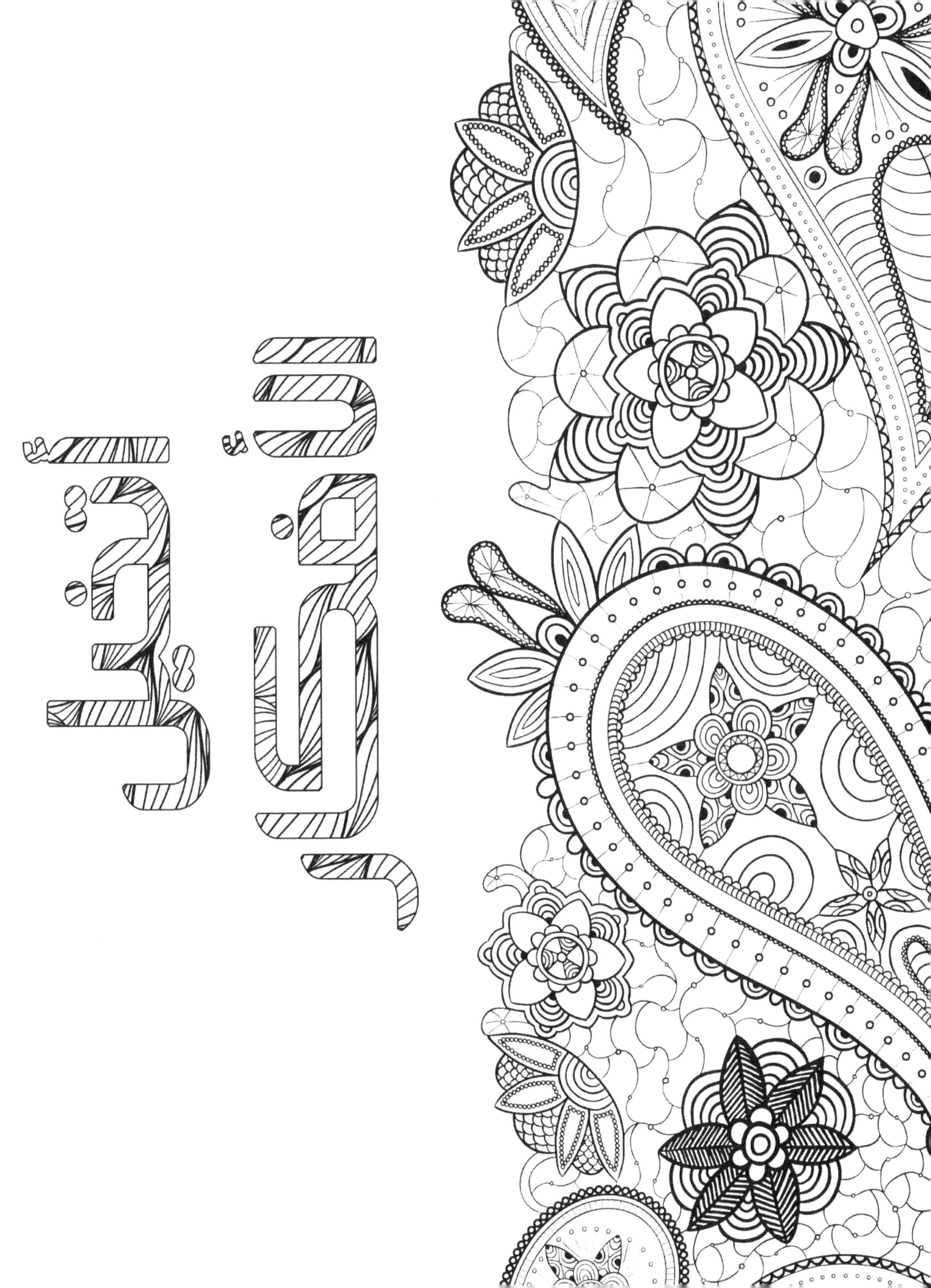

أحل جميع المشاكل بسرعة

١-

٢-

٣-

٤-

٥-

* استخدم ألوان مختلفة

أحل جميع
المشاكل بسرعة

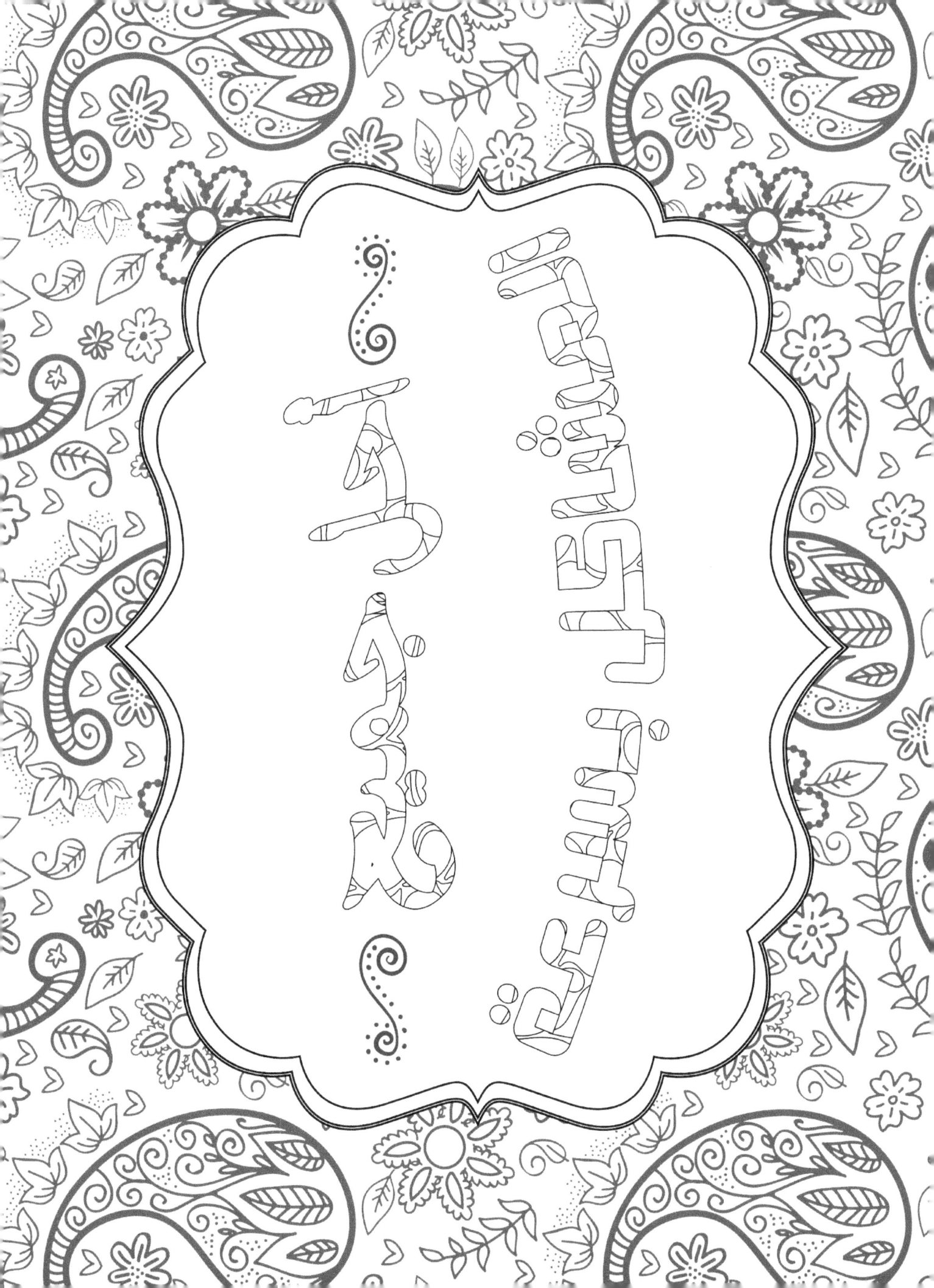

لوي الاجابة دائما

-١

-٢

-٣

-٤

-٥

* استخدم الوان مختلفة

لدي

الاجابة دائما

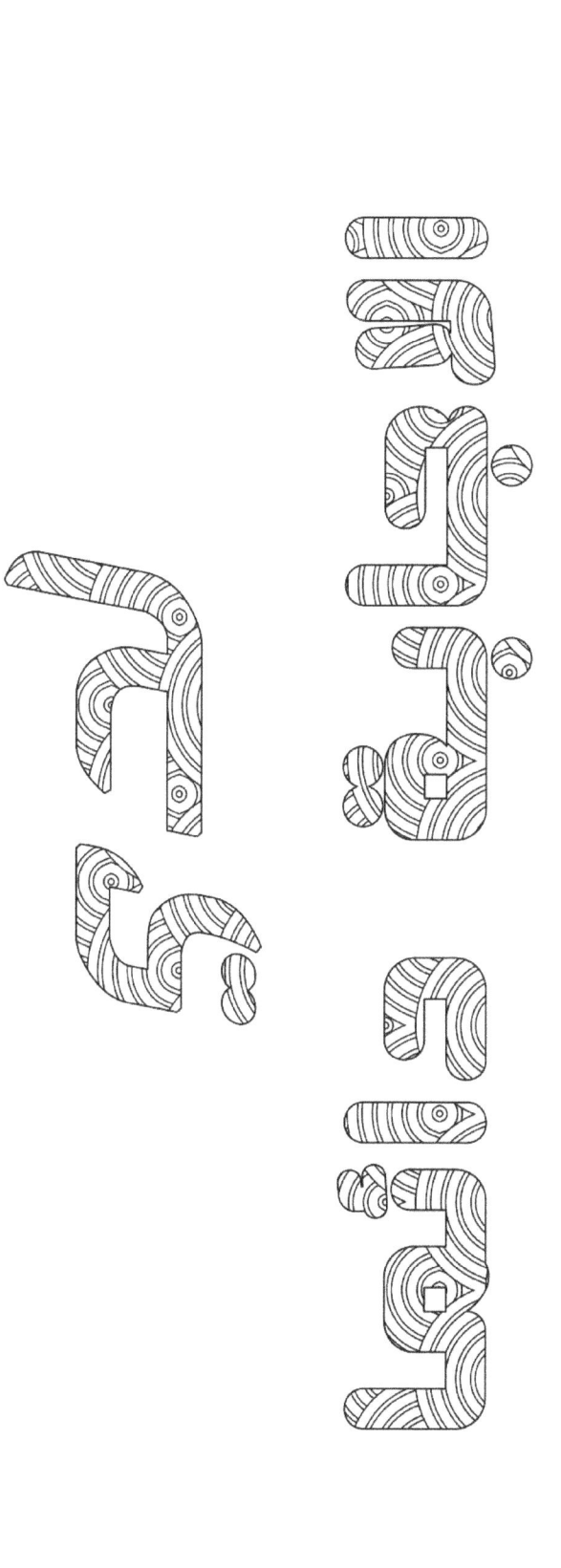

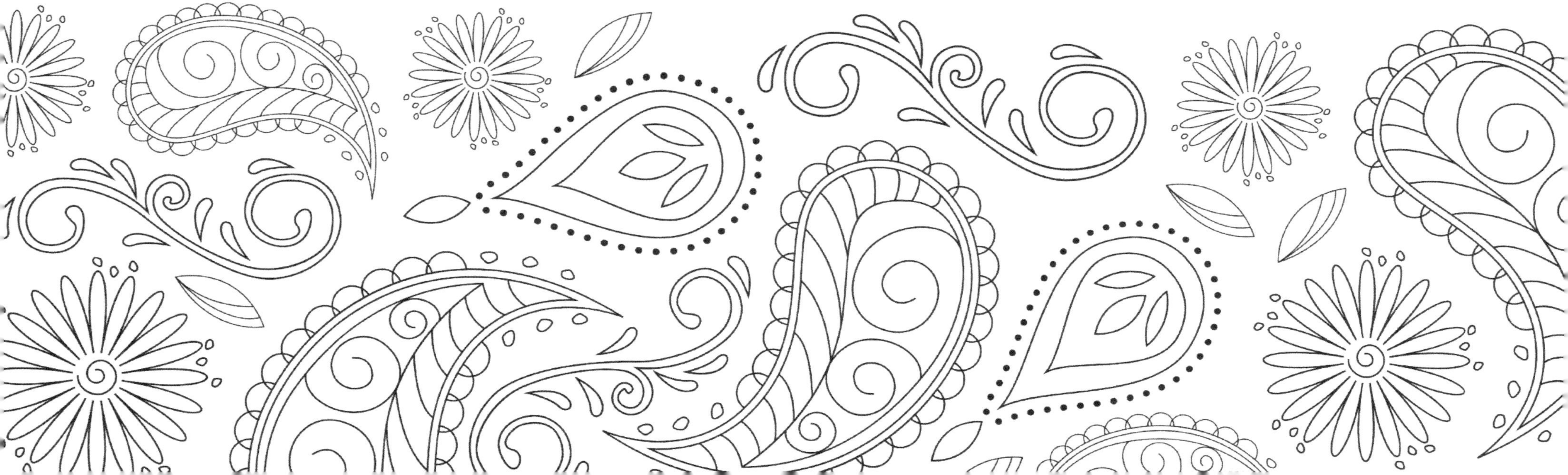

أشعر بالابداع

١-

٢-

٣-

٤-

٥-

* استخدم ألوان مختلفة

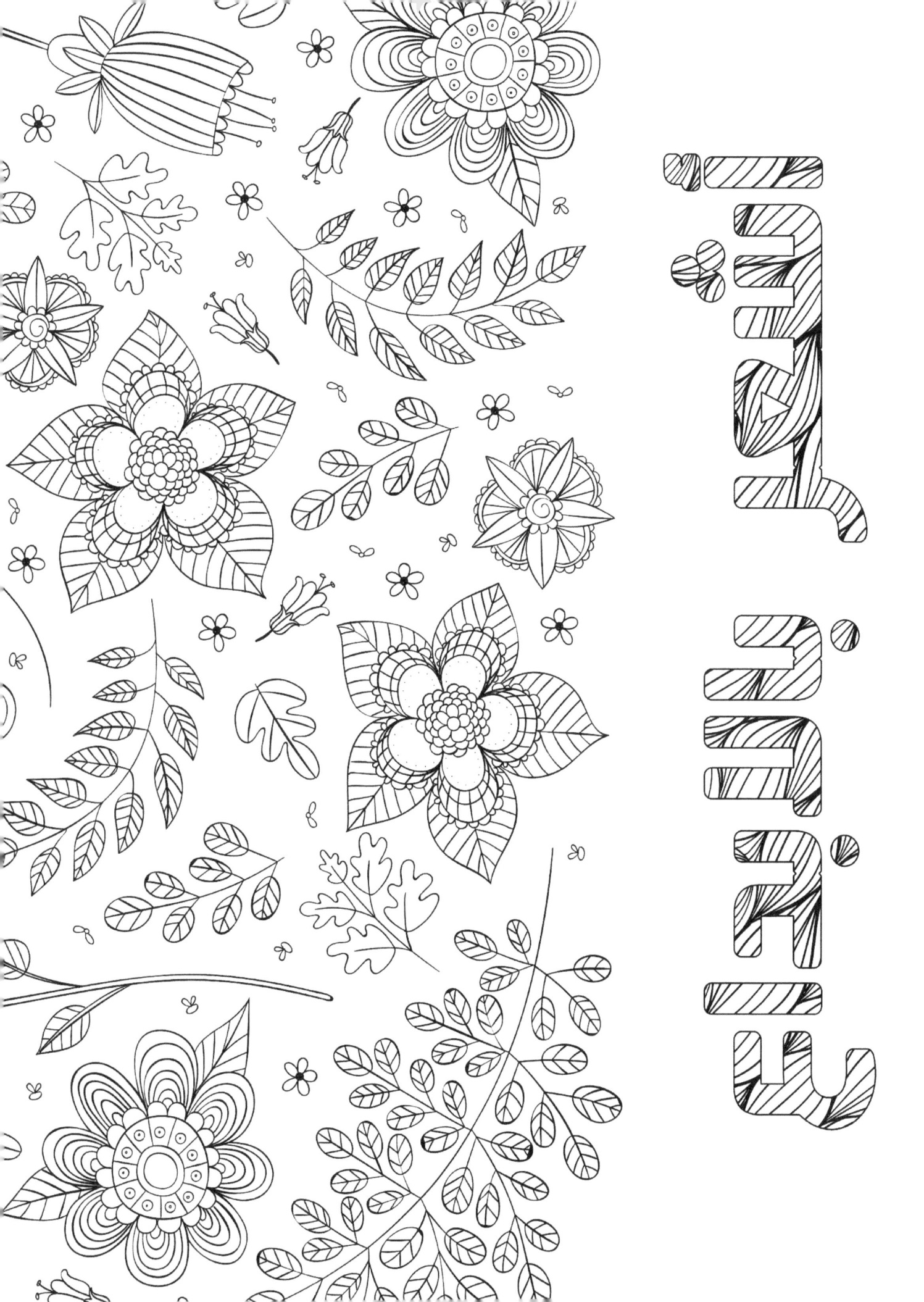

أنا شخص مبدع

١-

٢-

٣-

٤-

٥-

* استخدم الوان مختلفة

أنا
شخص
مبدع

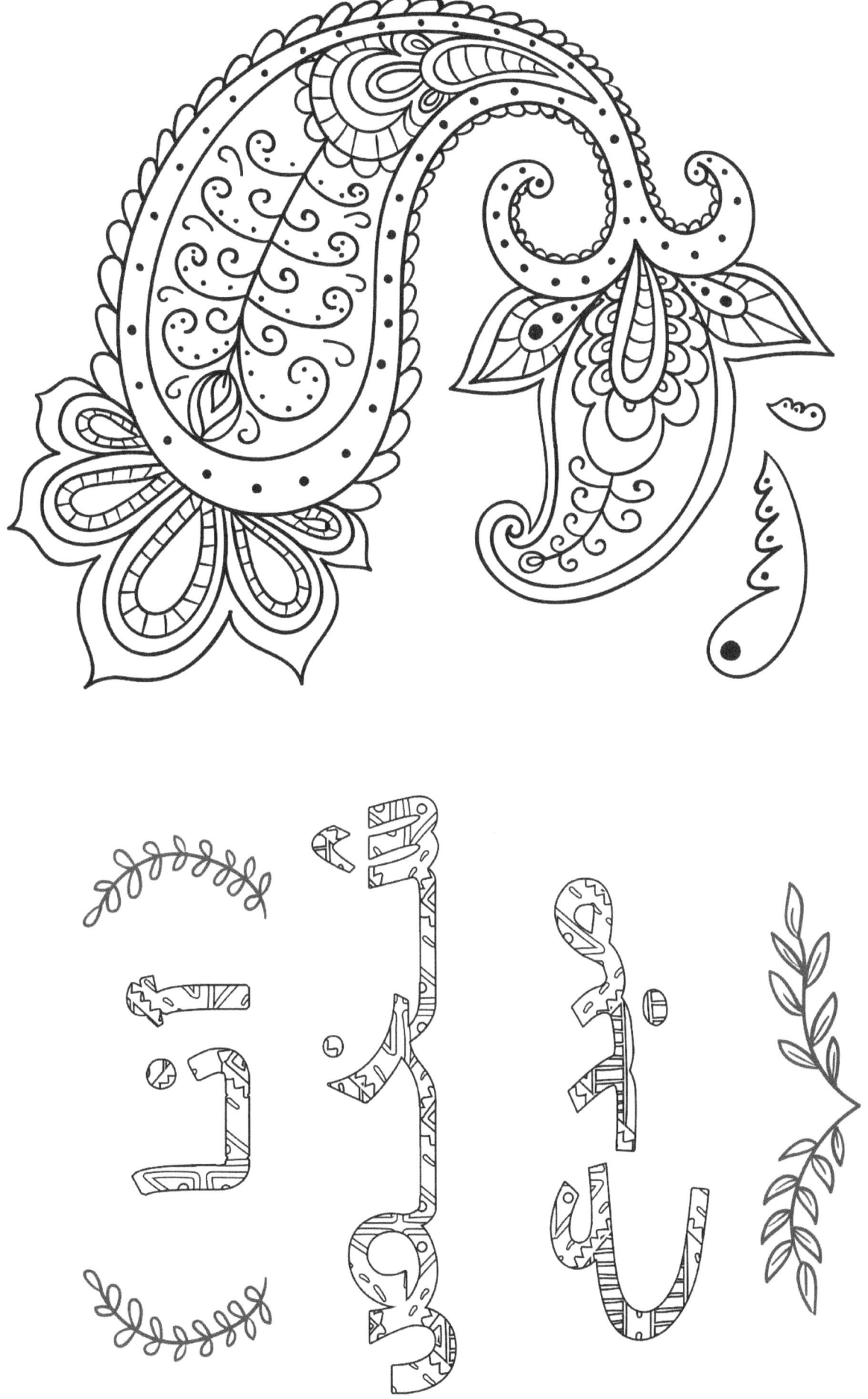

أرى الصورة بوضوح لجميع الأمور

١-

٢-

٣-

٤-

٥-

* استخدم ألوان مختلفة

أرى الصورة بوضوح
لجميع
الأمور

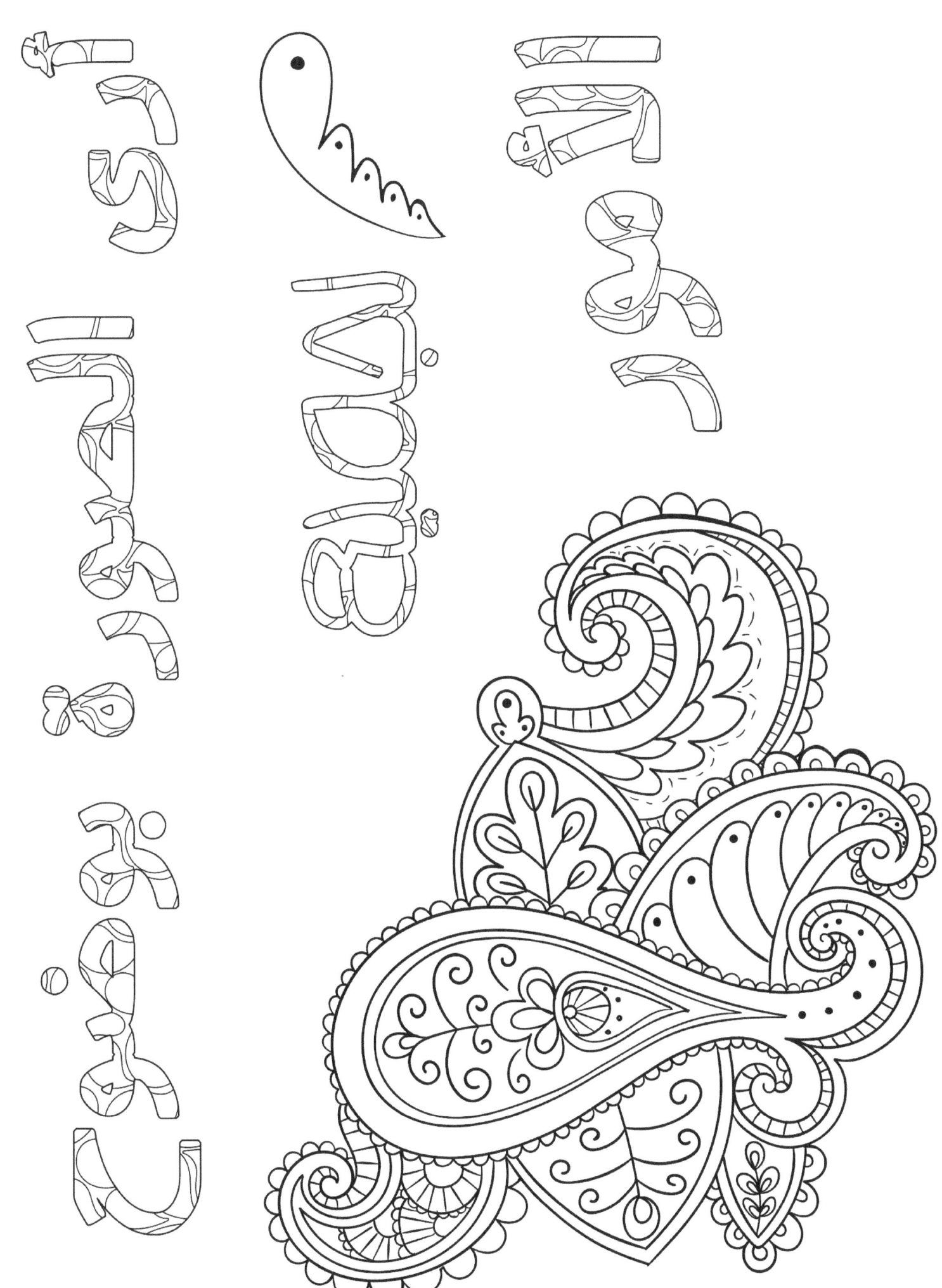

أنا أحب الابداع

١-

٢-

٣-

٤-

٥-

* استخدم ألوان مختلفة

أنا
أحب
الإبداع

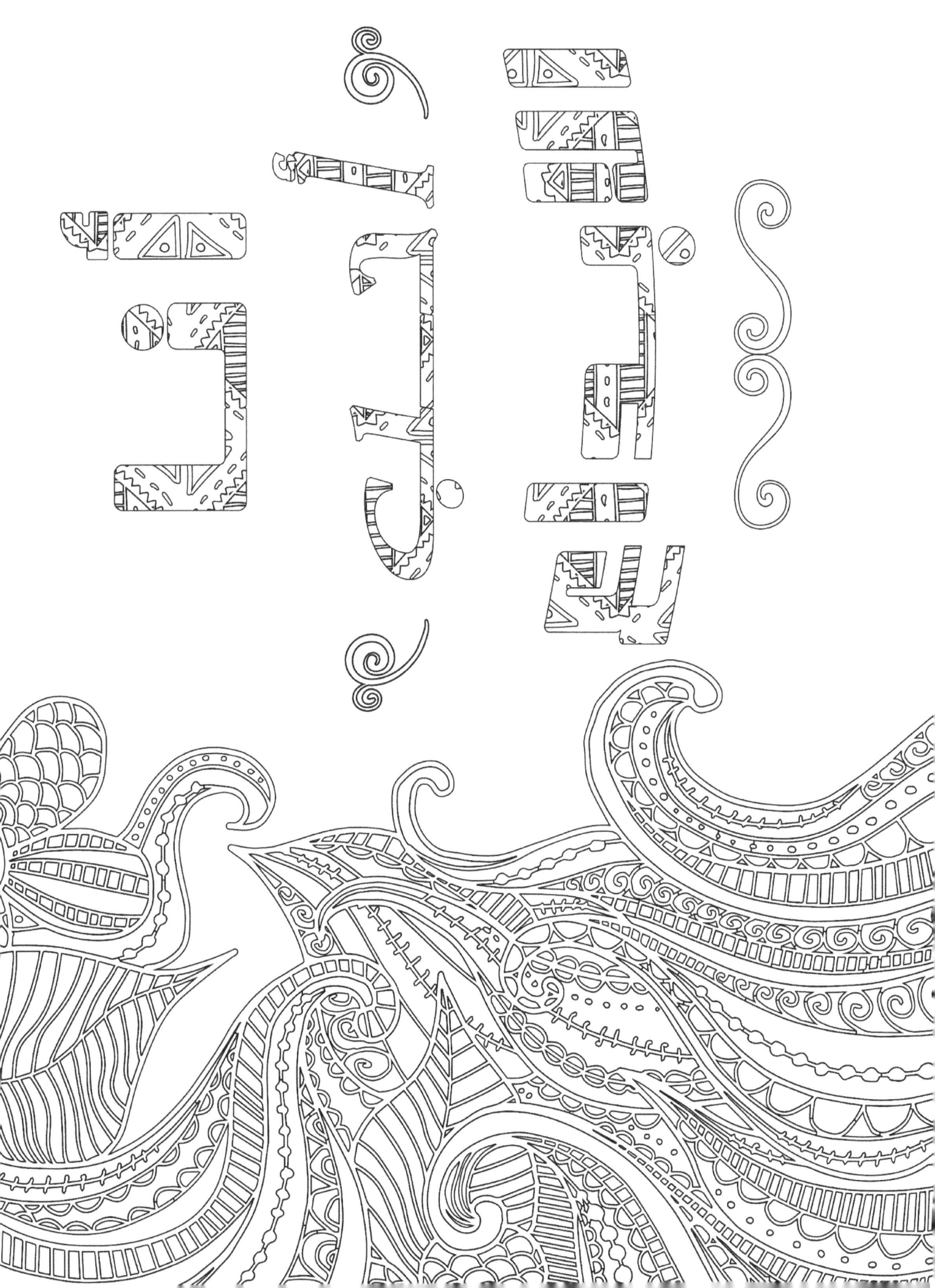

أنا جامع للأفكار المتميزة

١-

٢-

٣-

٤-

٥-

* استخدم ألوان مختلفة

أنا جامع للأفكار
المتميزة

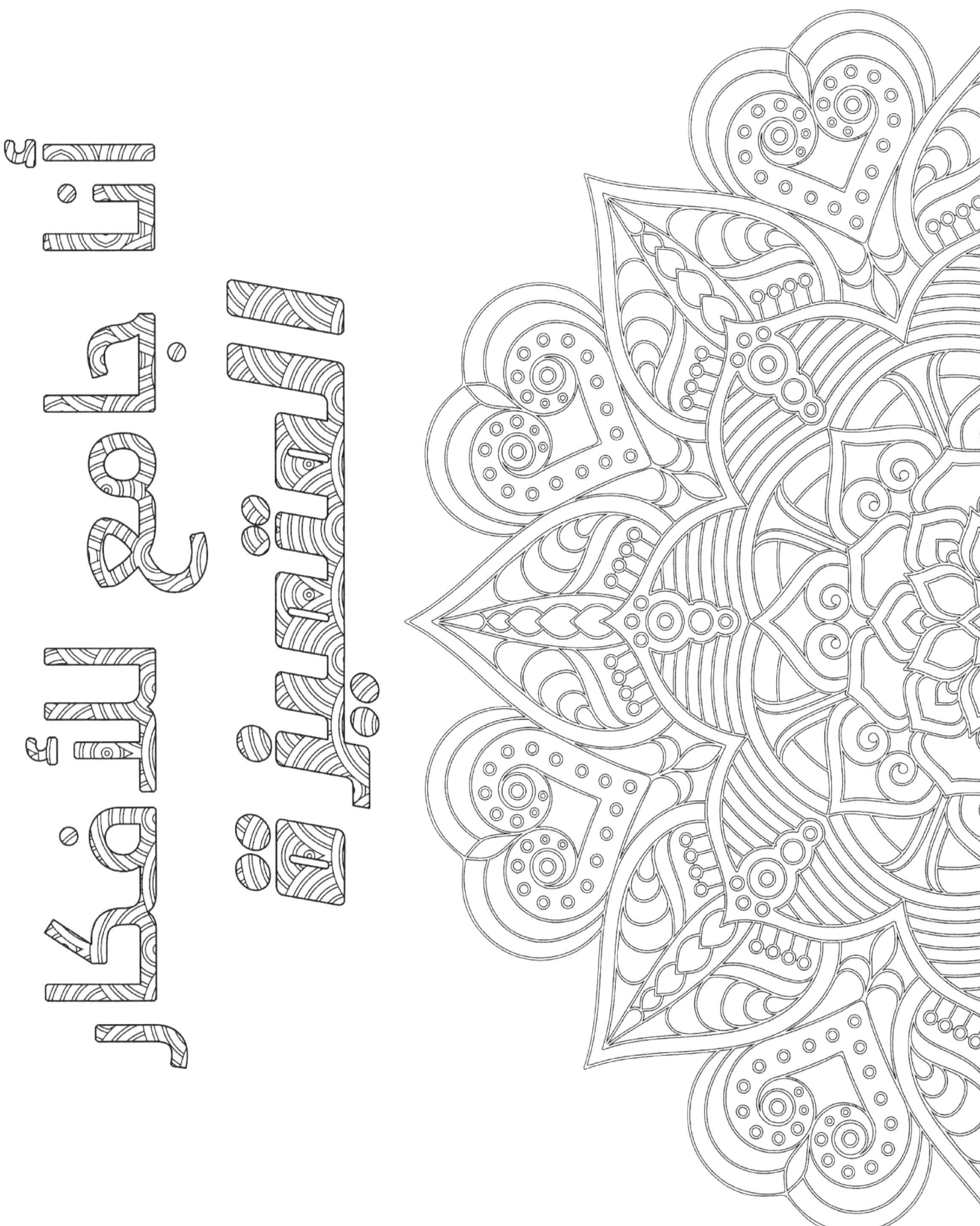

أنا متميز بانتاج الأفكار

١-

٢-

٣-

٤-

٥-

* استخدم ألوان مختلفة

أنا
متميز
بإنتاج
الأفكار

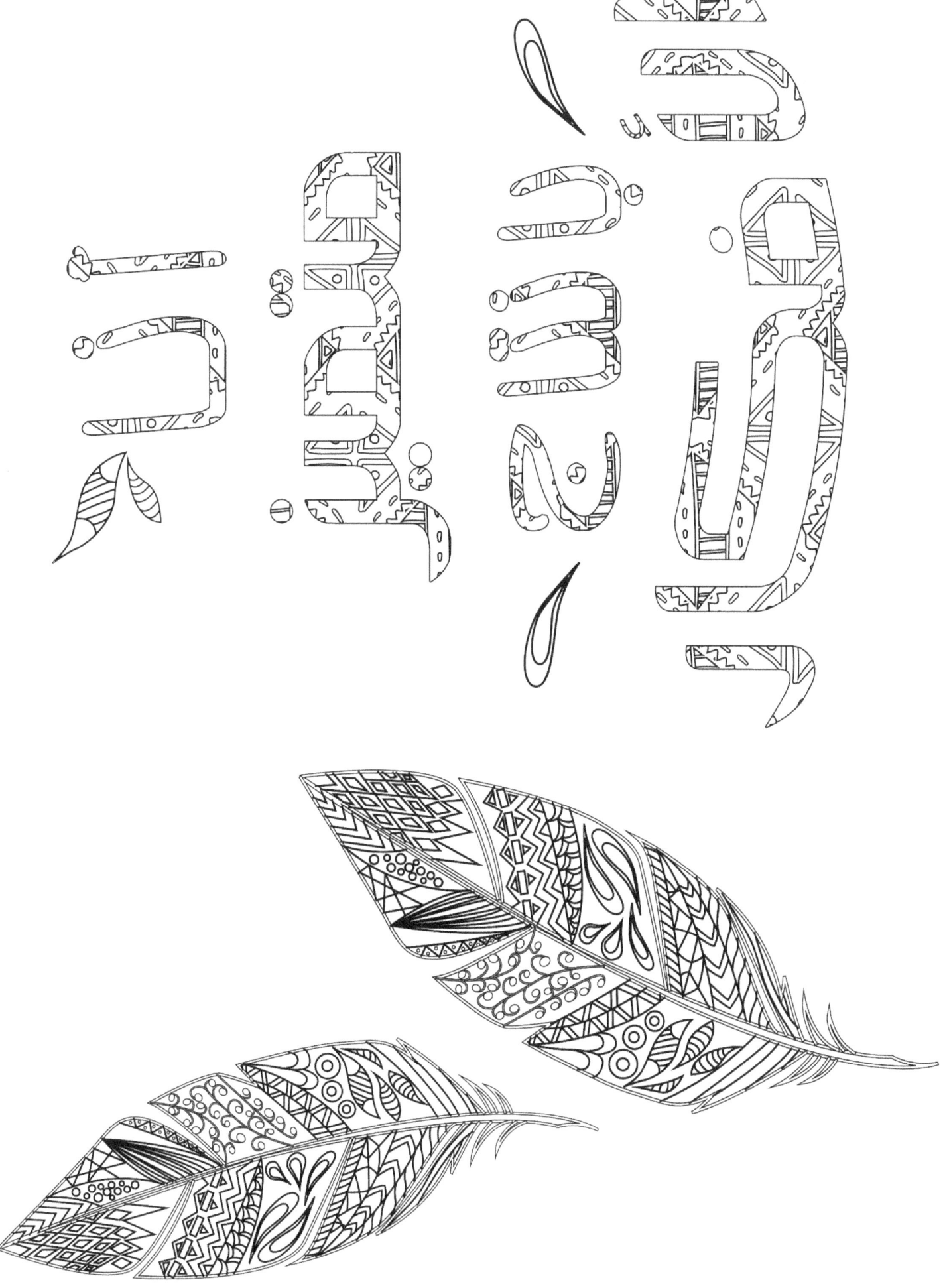

أحول المشاكل إلى أفكار

١-

٢-

٣-

٤-

٥-

* استخدم ألوان مختلفة

أحول المشاكل الى أفكار

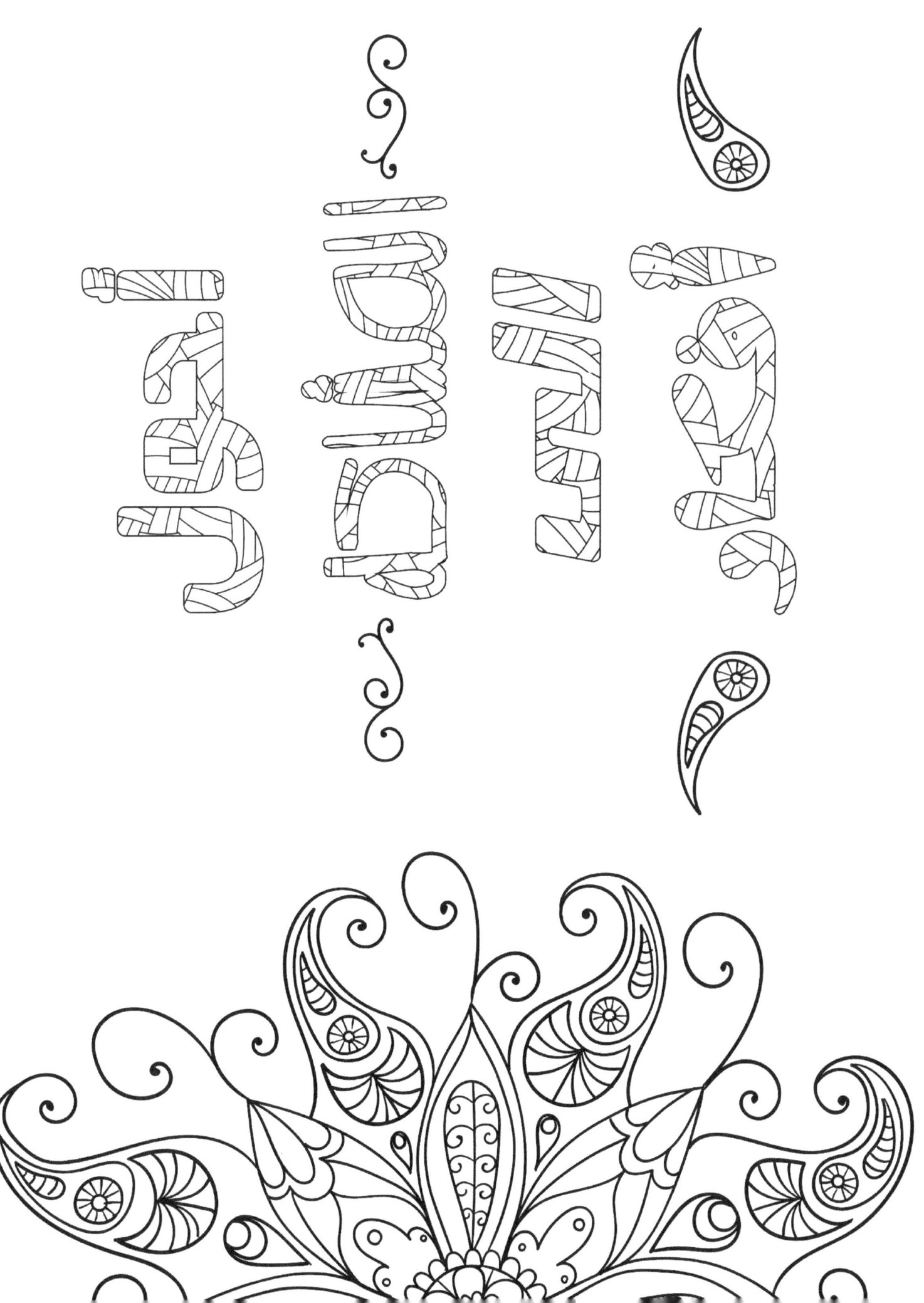

أحب أن أرى الأمور بنظرة مختلفة

١-

٢-

٣-

٤-

٥-

* استخدم ألوان مختلفة

أحب أن أرى الأمور

بنظرة

مختلفة..

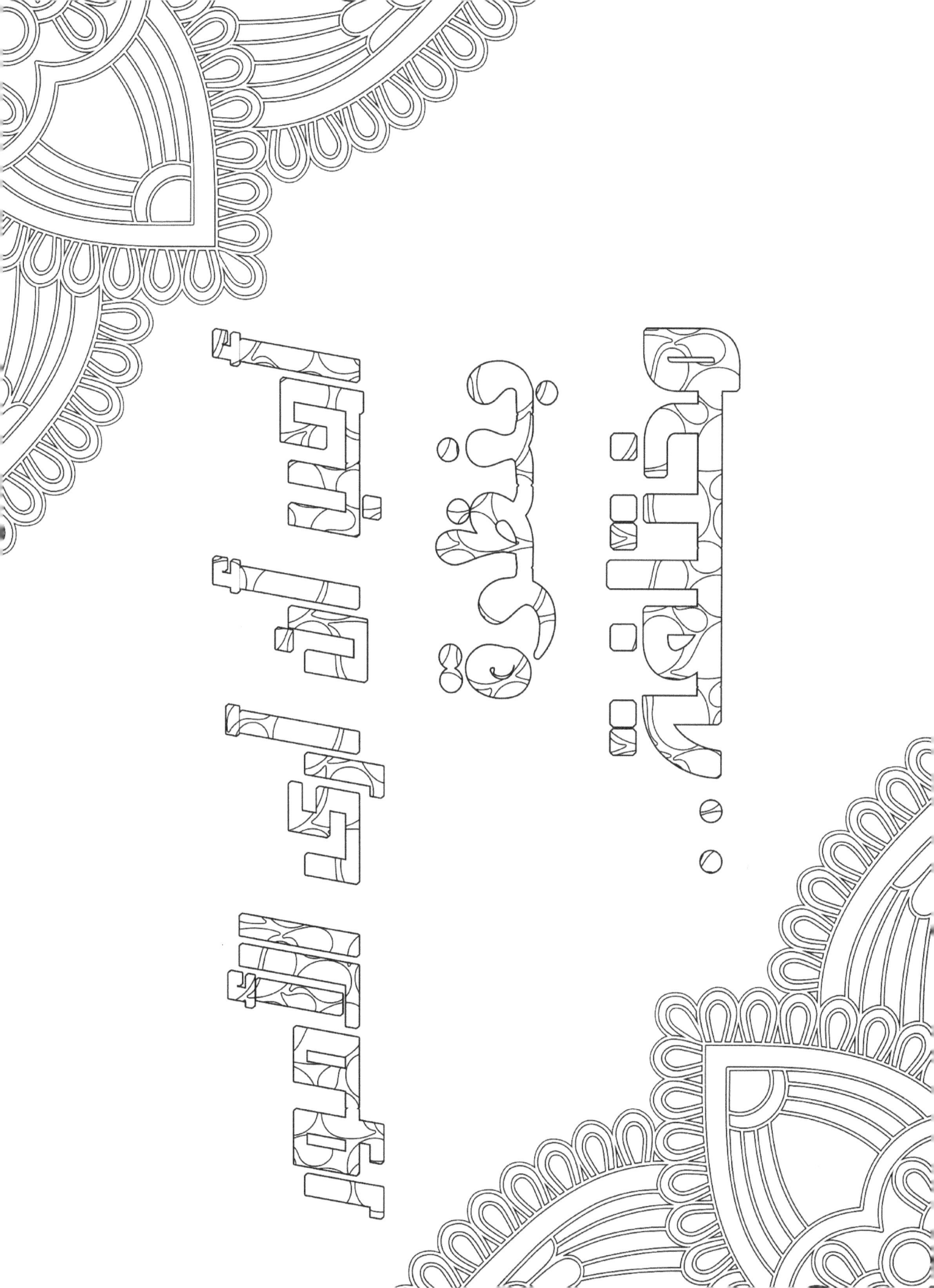

الابداع هو كل حياتي

١-

٢-

٣-

٤-

٥-

* استخدم ألوان مختلفة

الابداع هو كل حياتى

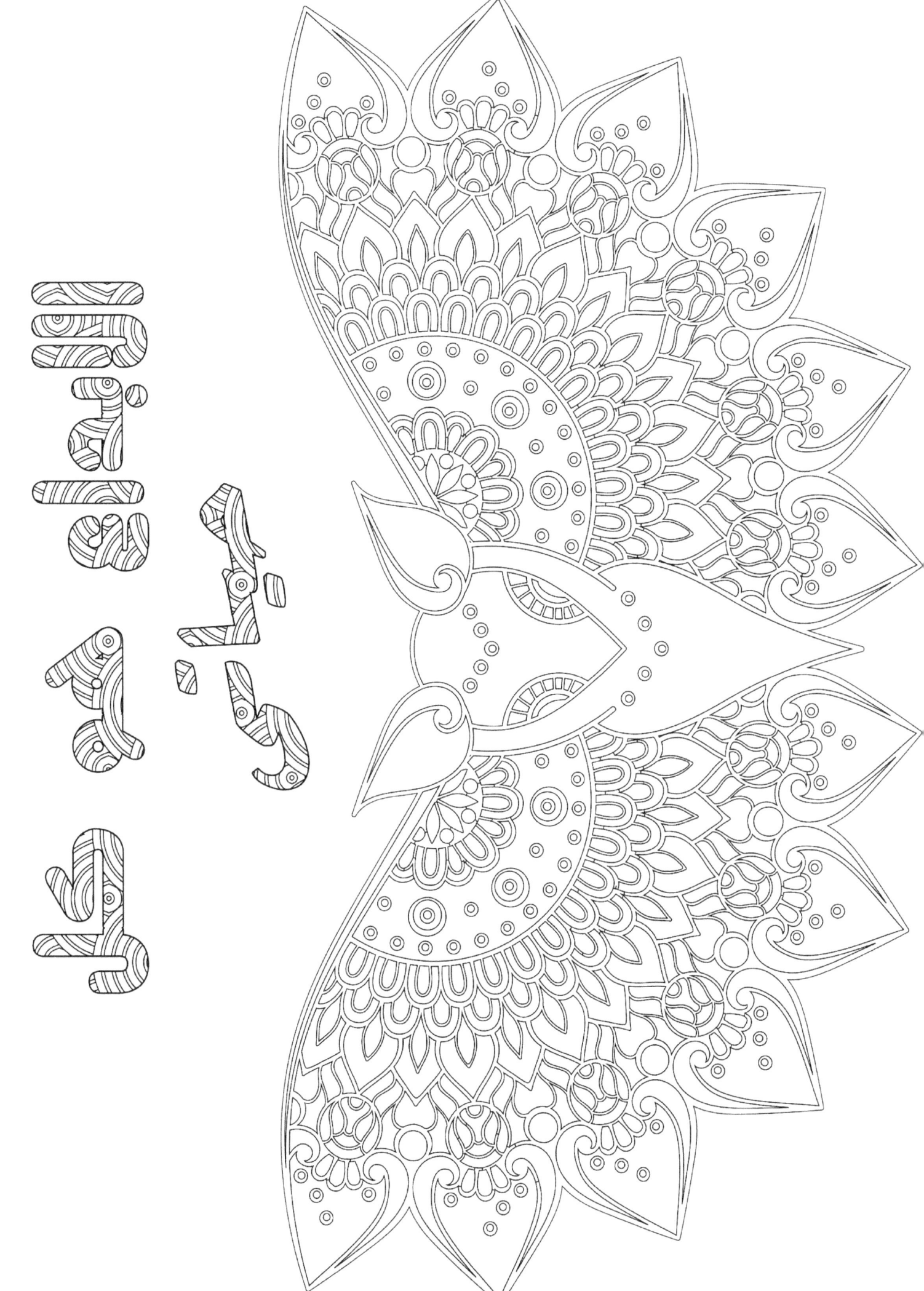

لدي أفكار جيدة دائما

١-

٢-

٣-

٤-

٥-

* استخدم ألوان مختلفة

لدي أفكار
جيدة
دائما

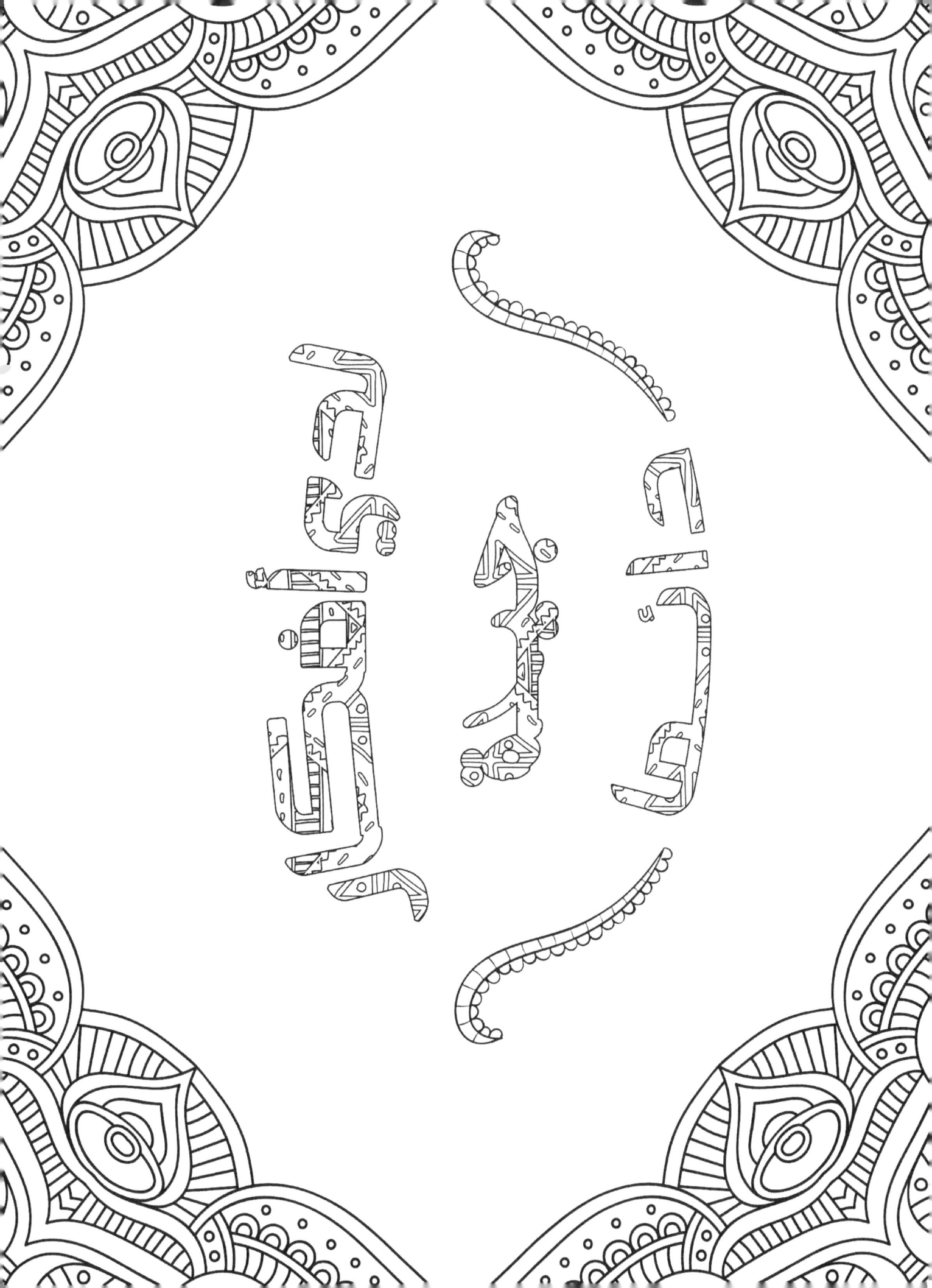

عقلي يفكر بابداع

١-

٢-

٣-

٤-

٥-

* استخدم ألوان مختلفة

عقلي
يفكر
بابداع

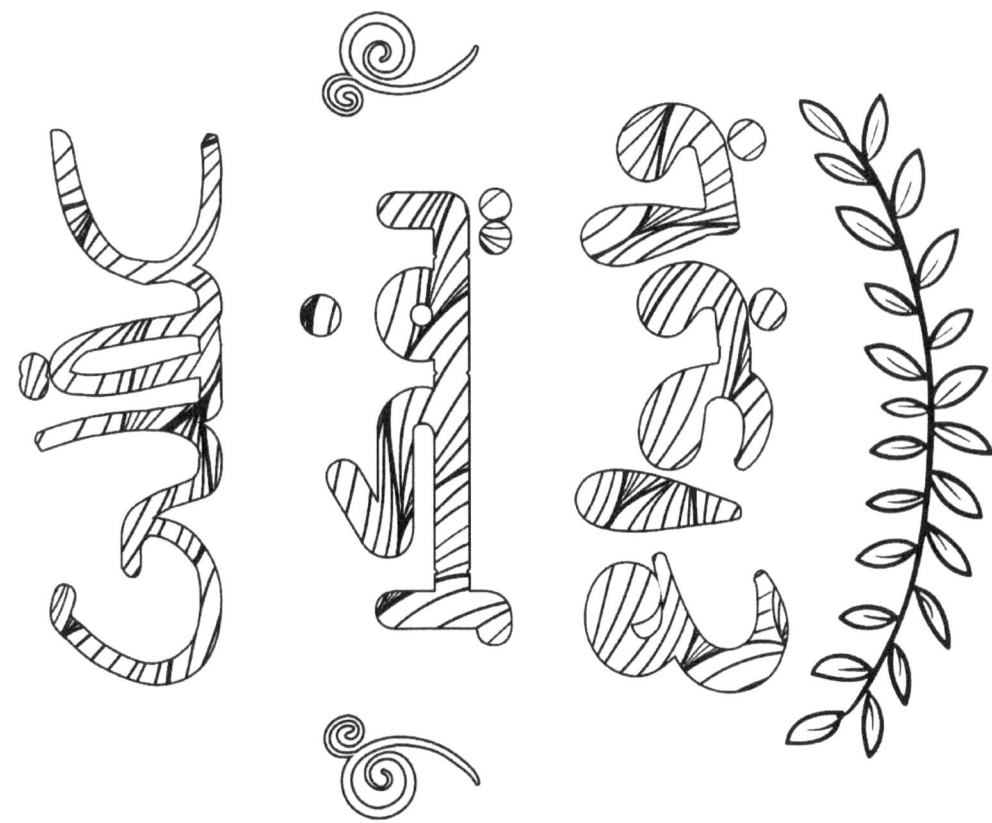

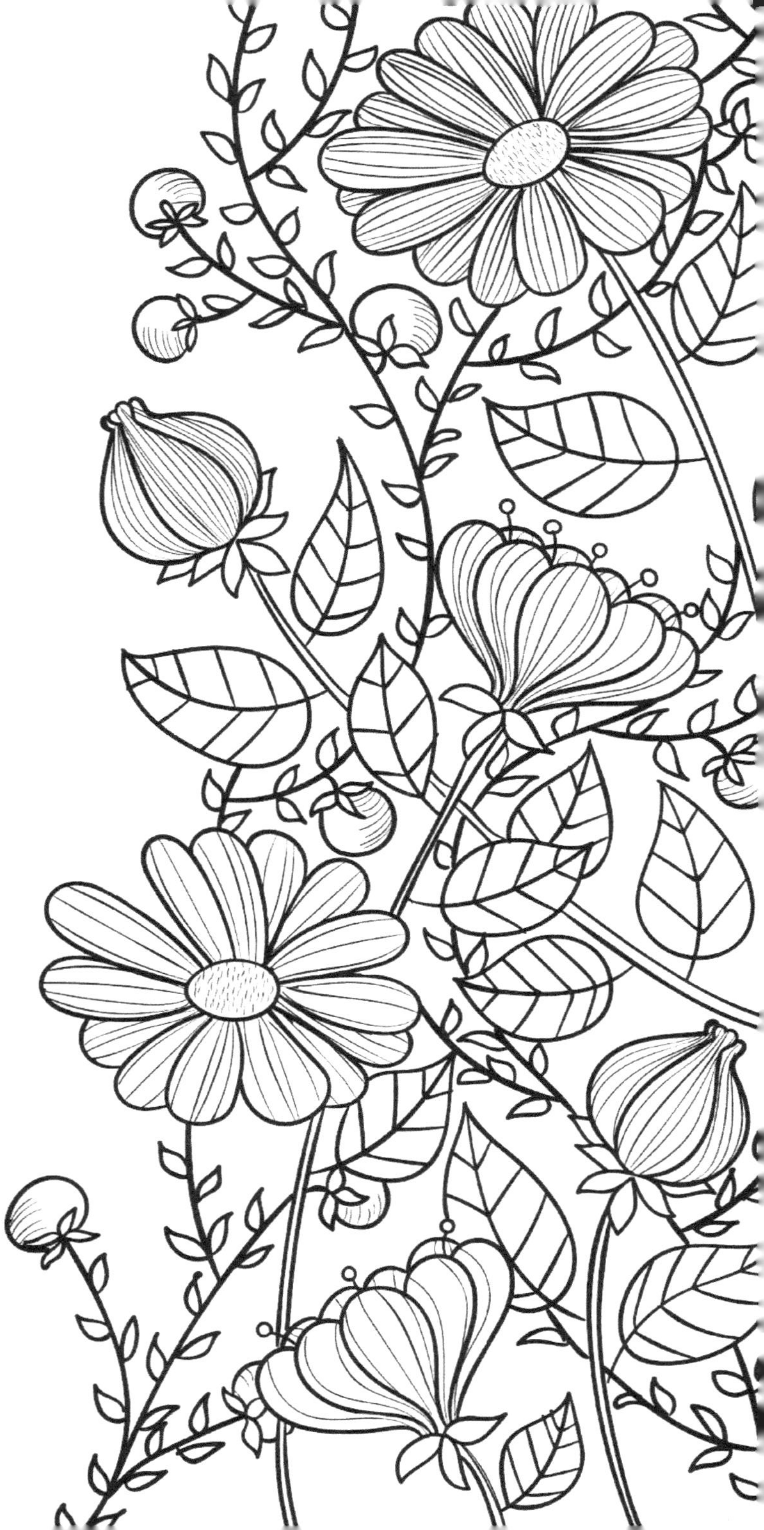

أنا شخص حالم

١-

٢-

٣-

٤-

٥-

* استخدم ألوان مختلفة

أنا ... أتنفس

حالم

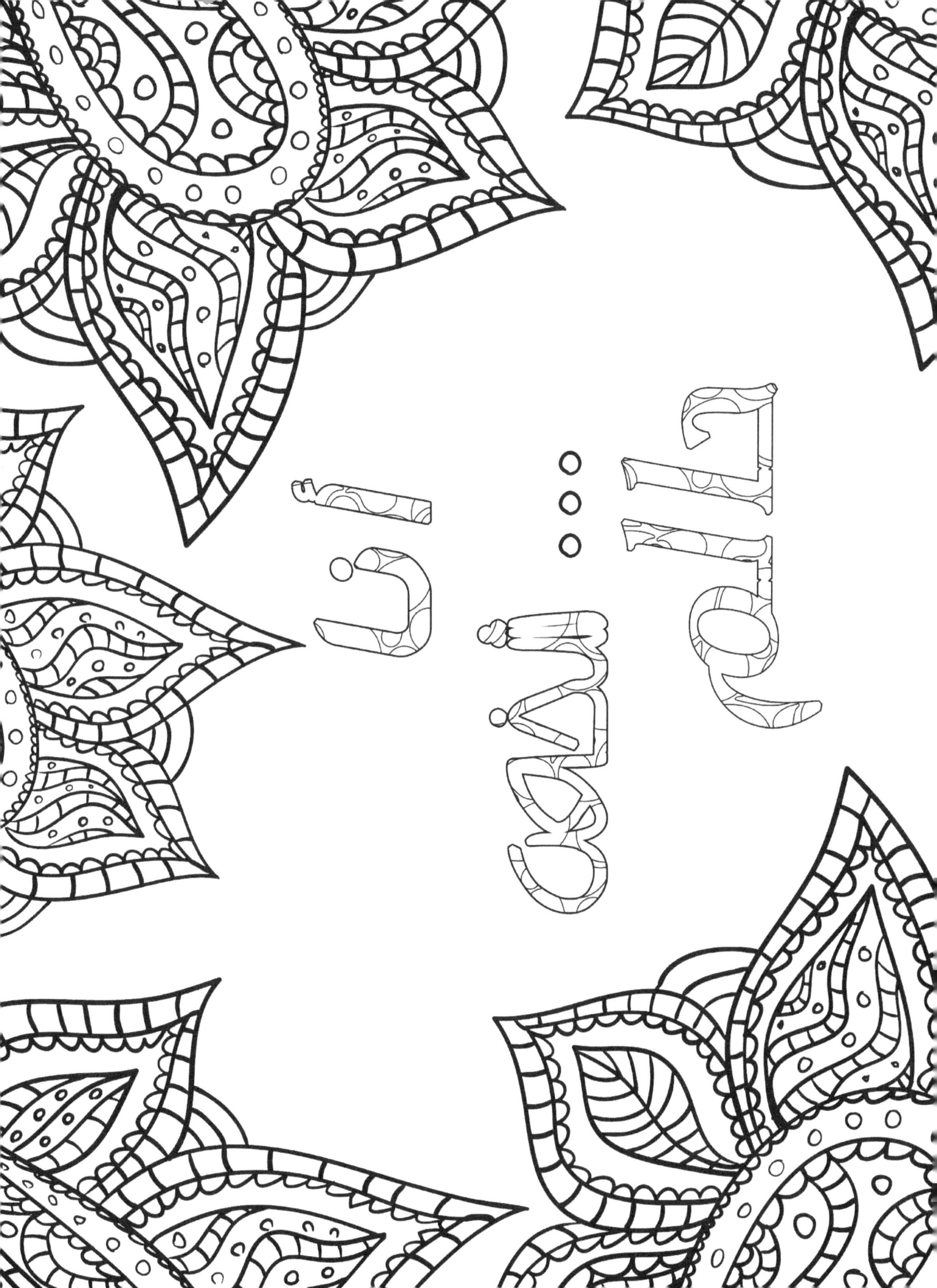

أنا ذكي

١-

٢-

٣-

٤-

٥-

استخدم ألوان مختلفة

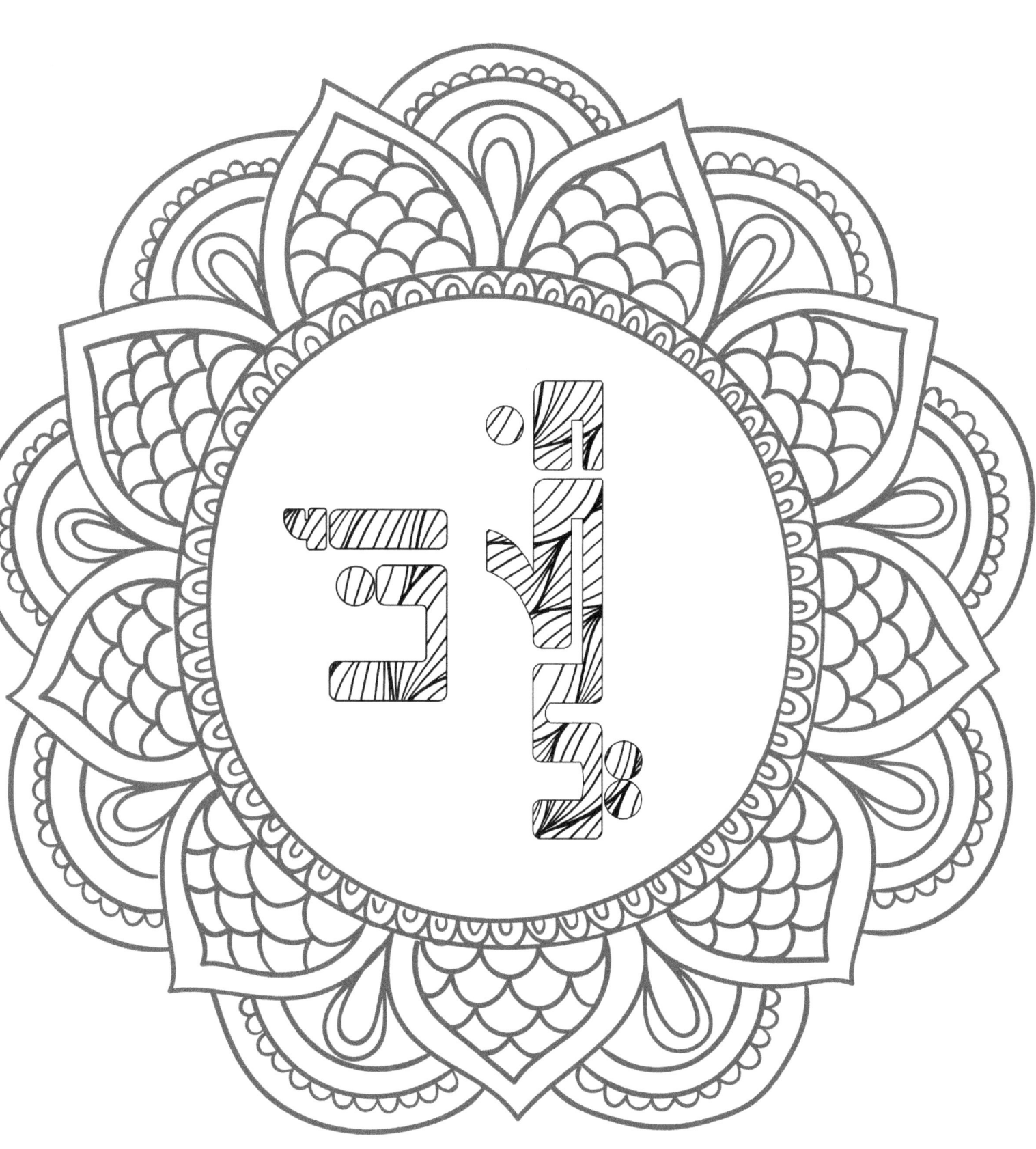

أنا حكيم

١-

٢-

٣-

٤-

٥-

* استخدم ألوان مختلفة

أنا حكيم

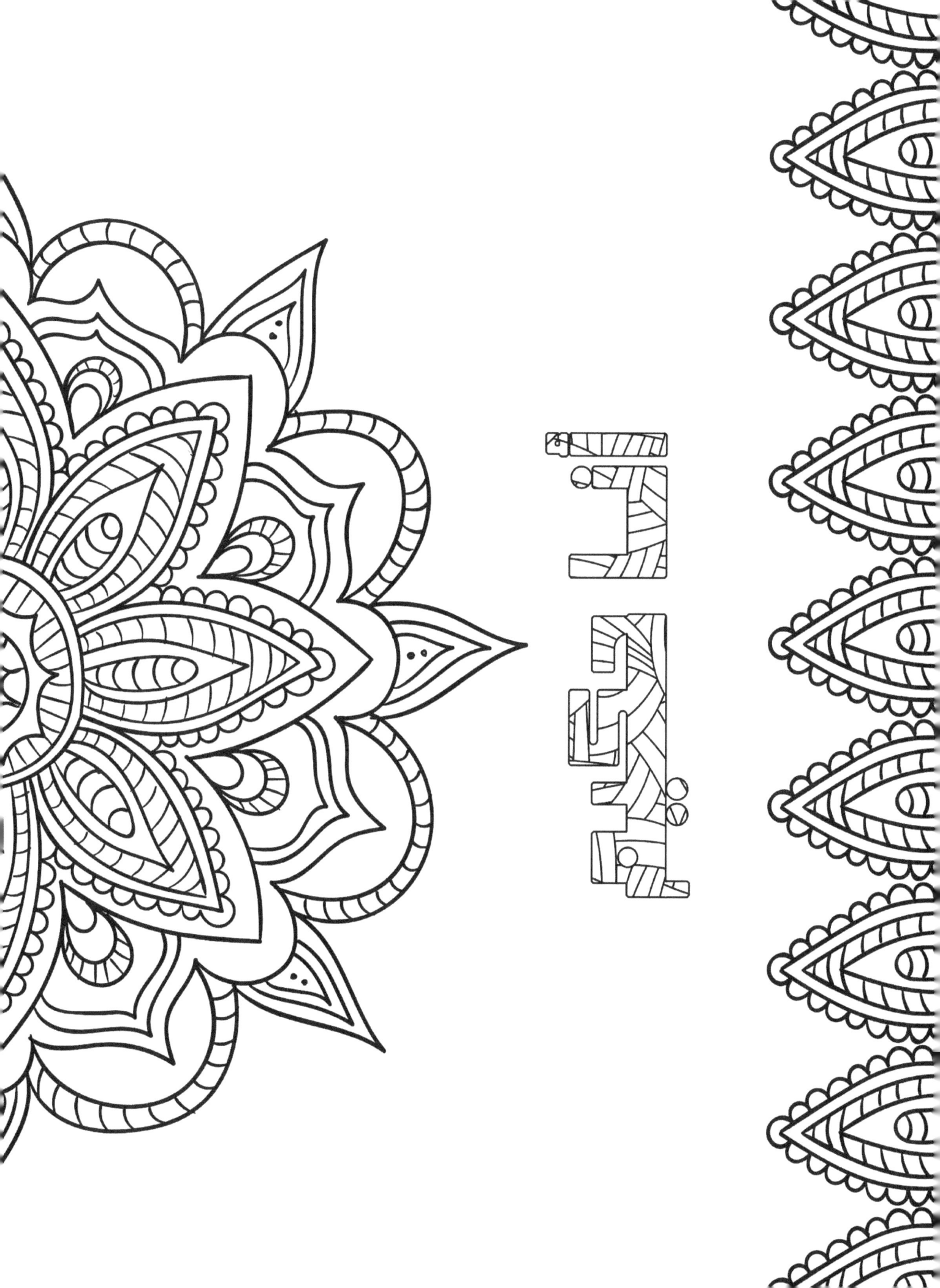

أحب التفكير

١-

٢-

٣-

٤-

٥-

* استخدم ألوان مختلفة

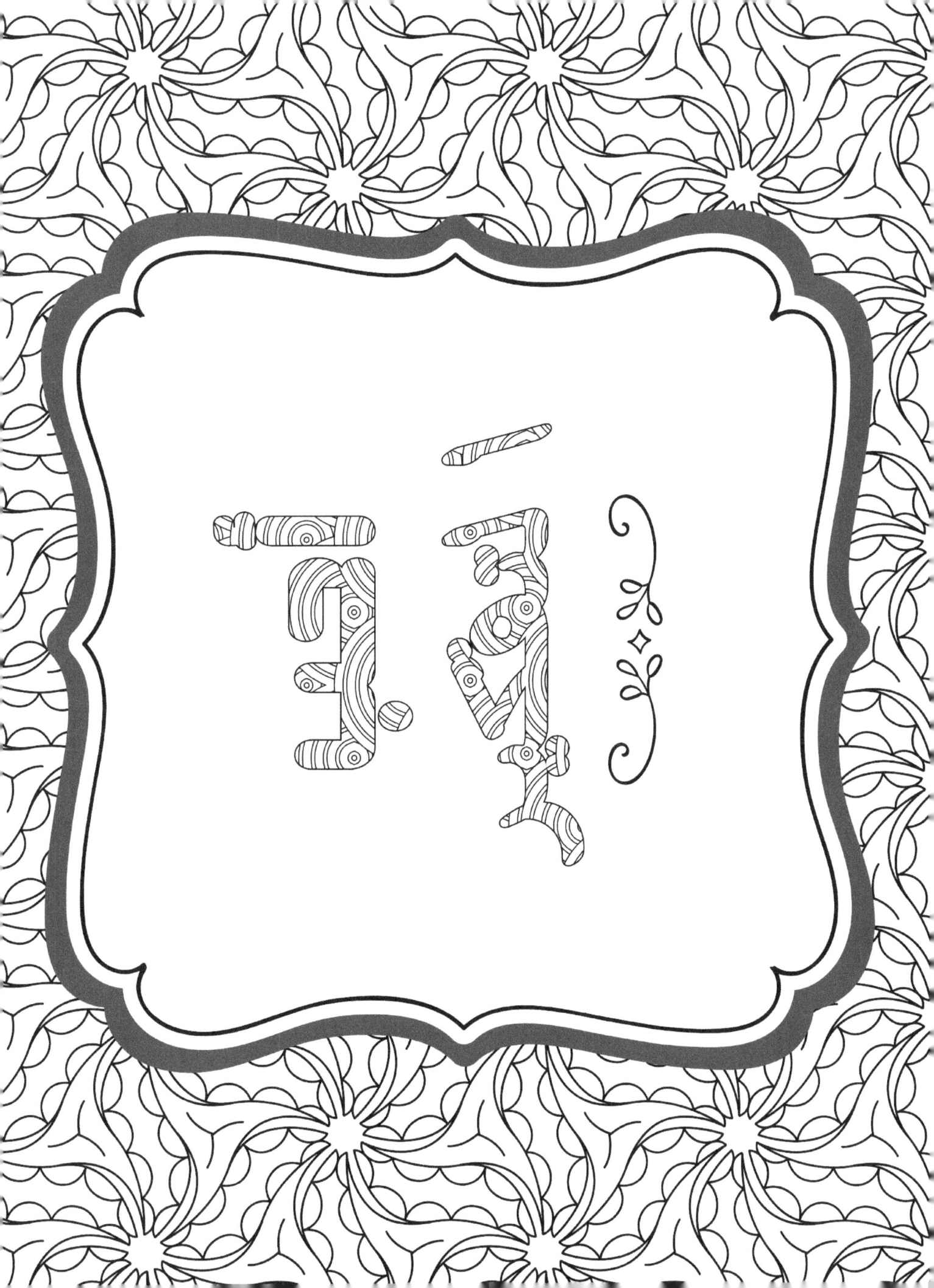

أتنفس الابداع

١-

٢-

٣-

٤-

٥-

* استخدم الوان مختلفة

أتنفس
الإبداع

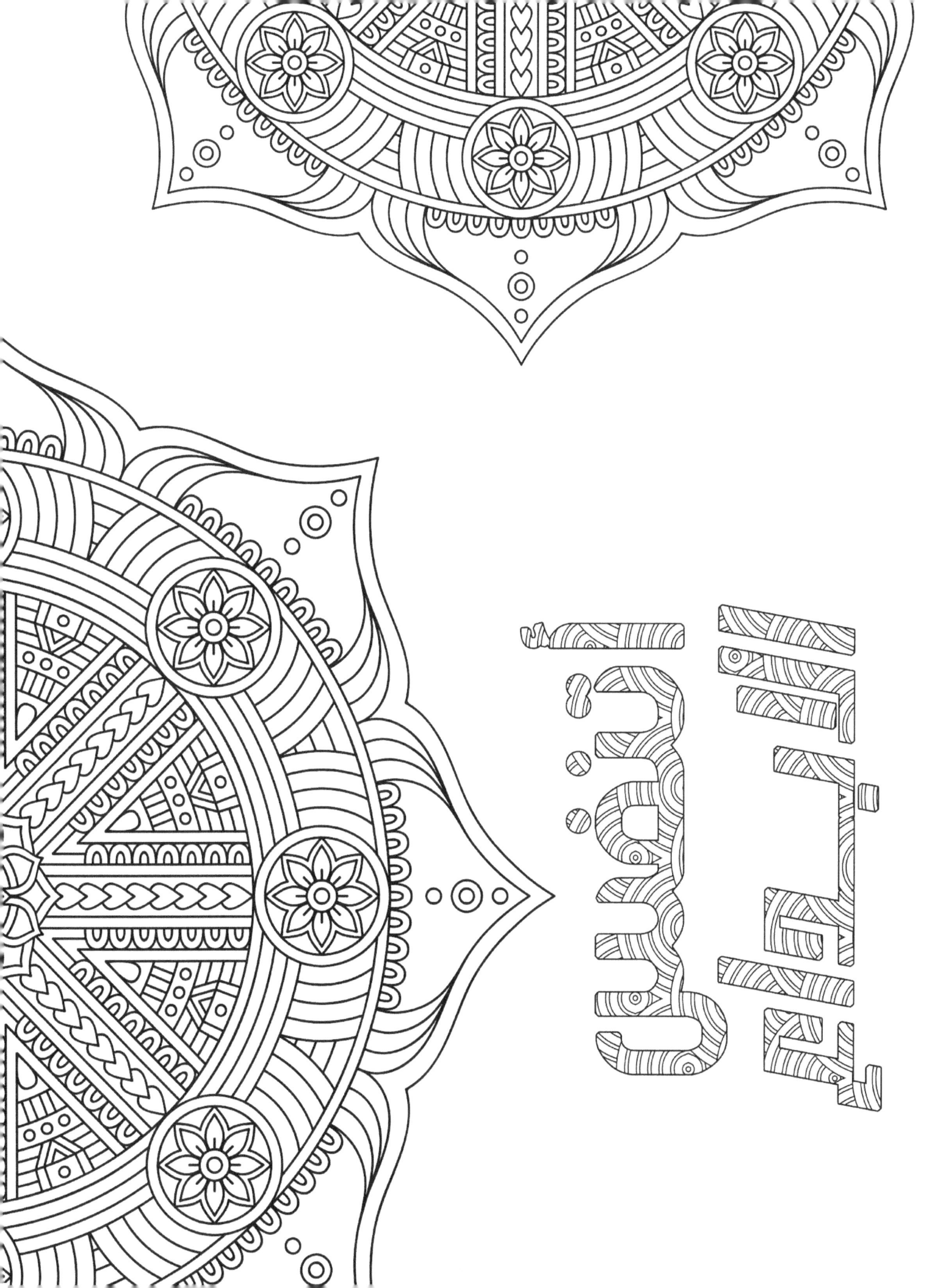

الأفكار تحوم حولي

١-

٢-

٣-

٤-

٥-

* استخدم ألوان مختلفة

الأفكار تحوم حولي

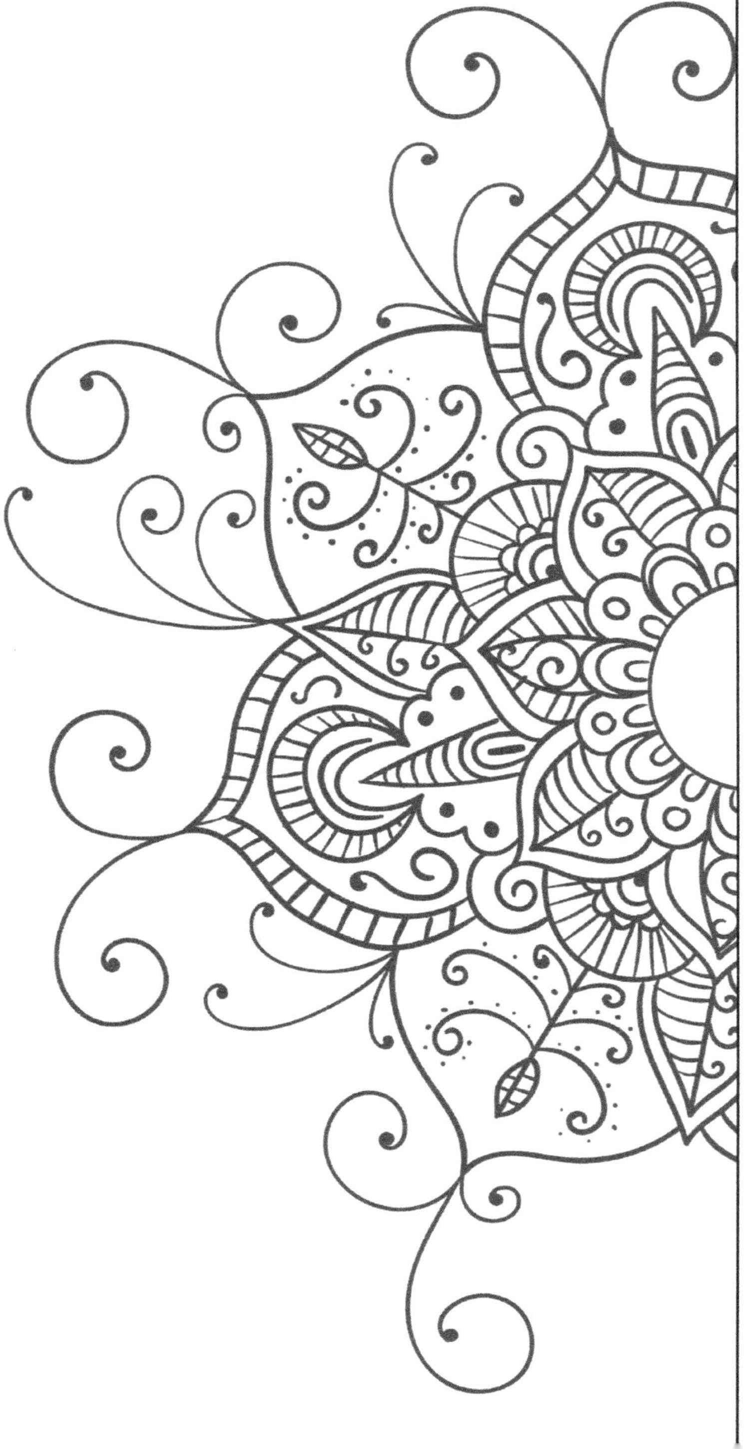

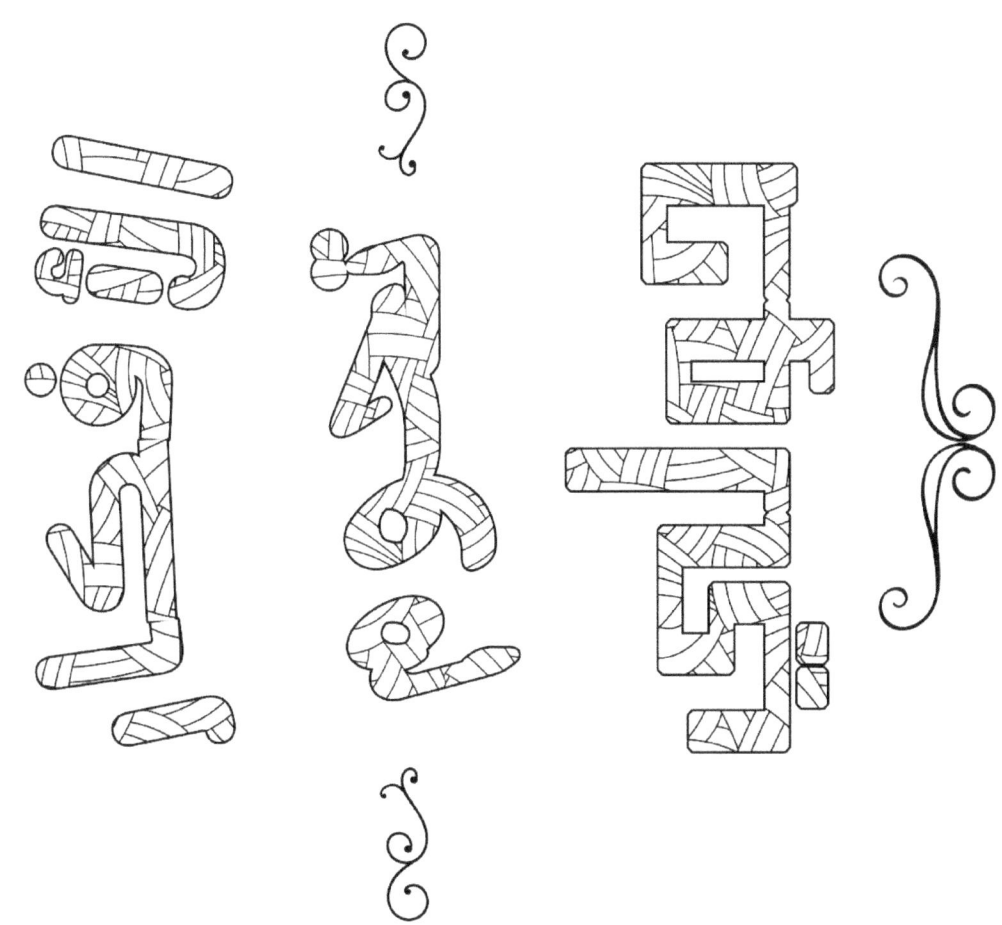

www.ingramcontent.com/pod-product-compliance
Lightning Source LLC
Chambersburg PA
CBHW081132180526
45170CB00008B/3081
* 9 7 8 1 5 4 6 6 1 7 4 1 9 *